W0284922

Gnubbels aus Holz

Willkommen bei den Gnubbels! Jetzt ist es an der Zeit, einen Einblick in die Welt der kleinen Wichtel, fleißigen Zwerge und gutmütigen Trolle zu bekommen.

Die zierlichen Wichtel, die Tiere über alles lieben, die emsigen Zwerge, die stark und handwerklich begabt sind, und die Trolle mit den wilden Wuschelhaaren und dicken Knollennasen, die immer Unfug im Kopf haben, sind überall beliebt und bekannt. Ab jetzt fristen die lustigen Kerlchen ihr Dasein nicht mehr im Verborgenen, sondern mitten unter uns – nämlich als witzige Holzdekorationen für Garten, Balkon und Wohnung!

Sie benötigen nur Sperrholz, Bastelfarbe und eine Laub- oder Dekupiersäge – schon kann der Sägespaß beginnen.

Auf dass die Gnubbels bald auch bei Ihnen zu Hause sind!

Ihre

Monika Gänsler

Die Motive lassen sich in folgende Schwierigkeitsgrade unterteilen:

● ○ ○ einfach ● ● ○ etwas schwieriger ● ● ● anspruchsvoll

MATERIALIEN UND WERKZEUGE

Folgende Materialien und Werkzeuge werden für fast jedes der hier im Buch gezeigten Modelle benötigt. Alles weitere ist in der speziellen Materialliste aufgeführt.

- Pappel-Sperrholz, 4 mm, 6 mm, 8 mm und 1 cm stark
- Bleistift
- Schneiderkopierpapier (ggf. auch Kohlepapier)
- Transparentpapier
- Klebefilm
- Laub- oder Dekupiersäge (mit Sägeblättern für Holz)
- Schmirgelpapier, z. B. mit einer Körnung von 80 und 120
- evtl. Schraubzwinge
- evtl. Feile
- matte Acryl- oder Bastelfarbe
- breiter Borstenpinsel
- schmaler Pinsel
- dünner, wasserfester Stift in Schwarz
- dünner Stift in Weiß (evtl. Lackstift) für Augen und Zähne
- evtl. Kreis- und Ellipsenschablone (für die Augen)
- evtl. Sprühlack
- UHU Alleskleber Kraft
- Heißklebepistole
- Bindedraht (geglühter Eisendraht), ø 0,35 mm, 0,65 mm und 1,4 mm
- Bohrer (Spiralbohrer), ø 1,5 mm, 2 mm, 2,5 mm, 3 mm, 4 mm, 4,5 mm und 6 mm
- Bohrmaschine oder Akkuschrauber
- Seitenschneider (um Drähte abzuknipsen)
- spitze Rundzange
- Hammer

Hinweis: Als „Rest“ wird immer ein Holzstück bezeichnet, das maximal A5 groß ist.

Hinweis: Der 1,4 mm starke Bindedraht ist unter dem Namen „Rödeldraht“ im Baustoffhandel erhältlich!

Hinweis: Die Nägel (ø 1,2 mm, 2 cm lang) findet man im Baumarkt unter dem Begriff „Drahtstifte“.

So geht es

1 Zuerst die Motivteile auf das Sperrholz übertragen. Dazu das Schneiderkopierpapier (mit der beschichteten Seite nach unten) auf das Sperrholz legen, die Vorlage darüber platzieren und die Konturen mit einem Bleistift oder Kugelschreiber nachziehen. Zusätzliche Einzelteile (wie z. B. der Arm des Zwerges von Seite 30) werden mit etwas Abstand zum Grundmotiv auf das Sperrholz übertragen. Darauf achten, dass die Teile nicht überlappen.

2 Alle Teile mit einer Laub- oder Dekupiersäge aussägen und die Kanten sorgfältig mit Schmirgelpapier glätten.

3 Alles wie abgebildet bemalen und trocknen lassen. Für den zarten, transparenten Anstrich wird die Farbe stark mit Wasser verdünnt. Kräftige Farbakzente werden durch unverdünntes Auftragen der Bastelfarbe erzielt. Danach die Augen und Innenlinien mit einem dünnen schwarzen Stift ergänzen. Das Weiß der Augen wird dabei bei einigen Modellen mit einem weißen Stift ausgefüllt. Zum Schluss die benötigten Löcher bohren und die Teile wie in der jeweiligen Anleitung beschrieben zusammensetzen. Für den Außenbereich das Motiv mit wetterfestem Lack besprühen.

Tipps und Tricks

Das Arbeiten mit Schablonen

Wer lieber mit Schablonen arbeitet, der paust das Motiv ohne Überschneidung mit Bleistift auf Transparentpapier ab. Dann das Transparentpapier mit den abgepausten Motivteilen auf dünnen Karton kleben und ausschneiden – fertig sind die Schablonen, die auf das Holz gelegt und mit Bleistift umfahren werden.

Sperrholz

Pappel-Sperrholz ist besonders gut für die Laubsägearbeiten geeignet. Das Sperrholz darf nicht zu knapp bemessen sein. Ein etwas größeres Stück lässt sich beim Aussägen besser festhalten und ist dadurch sicherer zu handhaben. Die Maße in diesem Buch sind Mindestangaben, ein paar Zentimeter mehr machen das Arbeiten leichter.

Drahtlocken

Für schöne Drahtlocken wickelt man die Drahtenden um einen runden Gegenstand, z. B. um einen Pinselstiel.

Befestigung auf der Bodenplatte

Die Unterkante der Figur, die die Standfläche berührt, muss so exakt wie möglich gearbeitet sein. Unebenheiten bringen die Figur zum Kippen. Alternativ zum Aufkleben auf die Bodenplatte kann die Figur auch festgeschraubt werden. Das empfiehlt sich besonders bei hohen Motiven. Dazu im Bereich der Befestigungsfläche ein oder zwei Löcher (ø 4 mm) in die Bodenplatte bohren. Die Position der Löcher an der Unterkante der Figur markieren und dort ein oder zwei Löcher (ø 2 mm) vorbohren. Jetzt die Figur von unten durch die Bodenplatte festschrauben.

Figuren bemalen

Um ein Ineinanderlaufen der Farben zu vermeiden, sollte jede Farbe völlig trocken sein, bevor die nächste aufgetragen wird.

Werden zufällig Innenlinien übermalt, ist das nicht schlimm. In dem Fall das Motiv auf Transparentpapier übertragen, die Linien auf der Rückseite mit Bleistift nachziehen und dann das Transparentpapier auf das Motiv legen. Jetzt die Linien noch einmal nachfahren, so überträgt sich der Bleistiftgrafit von der Rückseite des Transparentpapiers auf das Motiv. Dann die Innenlinien mit einem schwarzen Stift nachziehen.

Manchmal ist es einfacher, die schwarzen Innenlinien vor dem Ankleben der Einzelteile aufzumalen.

Für Augen und Nasen evtl. eine Kreis- oder Ellipsenschablone verwenden.

Für das Weiß der Augen und Zähne entweder weiße Bastelfarbe oder einen weißen Stift verwenden. Wird das Auge mit einem schwarzen Stift aufgemalt, empfiehlt es sich, einen Tupfen weißer Farbe als Lichtfleck zu setzen (siehe Wichtel S. 6/7).

Die meisten Wangenflecken und Nasen erhalten noch einen kleinen weißen Pinselstrich.

Motivrückseite

Falls bei einigen Motive die Rückseite genauso hübsch wie die Vorderseite aussehen soll, müssen alle Einzelteile, die aufgeklebt werden, zweifach ausgesägt werden. Danach alle Innenlinien spiegelverkehrt auf die Motivrückseite übertragen. Dazu alle Linien des Motivs mit einem weichen Bleistift auf Transparentpapier nachzeichnen und dieses anschließend mit der Vorderseite nach unten auf das bereits ausgesägte Motiv legen. Nun die aufgezeichneten Linien noch einmal nachfahren, so überträgt sich der auf dem Papier haftende Grafit der Bleistiftlinien auf das Sperrholz.

Arbeiten mit Krakelier-Lack

Um Motive antik wirken zu lassen, wird mit Krakelier-Lack gearbeitet, der feine Risse entstehen lässt. Dafür das ausgesägte und gesäuberte Holzteil mit der gewünschten Grundfarbe grundieren und trocknen lassen. Dann die Teile mit Krakelier-Lack bestreichen. Wenn auch dieser trocken ist, alles in der gewünschten Farbe anmalen. Die Farben zügig und möglichst in einer Richtung auftragen. Die kleinen Risse werden relativ schnell sichtbar.

Hübsche Stoffe

Patchworkstoffe eignen sich super zum Ausschmücken der Motive.

Kommt herein!

Beschreibung Seite 6

Kommt herein!

→ begrüßt Ihre Gäste

MOTIVHÖHE
45 cm

MATERIAL

- Sperrholzrest, 6 mm stark
- Sperrholz, 1 cm stark, 40 cm x 30 cm
- Bastelfarbe in Antikblau, Karminrot, Weiß, Hautfarbe, Antikgrün und Mistel
- 6 Holzbuchstaben (COME IN), 4 cm hoch
- Patchworkstoffstreifen, 4 cm breit, 28 cm lang
- Paketschnur, ø 2,5 mm, 2 x 14 cm (Beine) und 1 x 60 cm lang (Aufhängung)
- Bindedraht, ø 0,35 mm
- Bohrer, ø 3 mm und 6 mm

VORLAGENBOGEN 1A

1 Den Troll samt Schild, beide Füße und beide Hände aus dem dicken, die Nase aus dem dünnen Sperrholz aussägen. Die Sperrholzteile und die Holzbuchstaben wie abgebildet anmalen, alle Innenlinien ergänzen und die Bohrungen vornehmen.

2 Für das Anbringen der Füße den dünneren Bohrer benutzen und zwei Bohrungen seitlich in das Schild bohren. Die Füße erhalten ebenfalls seitliche Bohrlöcher. Für die Aufhängung von vorne ein großes Loch in das Motiv bohren.

3 Die Nase, beide Hände und die Holzbuchstaben aufkleben. Die Paketschnurstücke in die Löcher der Füße stecken und fixieren. Erst wenn die Füße fest sitzen, die anderen Paketschnurenden in die Bohrlöcher im Schild stecken und dort fixieren.

4 Zum Schluss für die Aufhängung eine Schlaufe aus Paketschnur durch die große Bohrung im Kopf fädeln.

MOTIVHÖHE
15,5 cm (Pilz)

MATERIAL

- Sperrholzrest, 6 mm stark
- Sperrholzrest, 8 mm stark
- Sperrholz, 1 cm stark, 22 cm x 32 cm
- Bastelfarbe in Weiß, Hautfarb Olivgrün, Dunkelblau, Orange Scharlachrot, Mittelbraun, Tau benblau und Schilf
- Bastelbast in Grün
- Bindedraht, ø 0,35 mm
- Bohrer, ø 2 mm

VORLAGENBOGEN 1

So wohnt der kleine Wichtel

→ erfordert etwas Fingerspitzengefühl

1 Den Pilz und beide Standflächen aus dem dicken, den Wichtel, die Grasbüschel, den Pilzhut zusätzlich, den Strauch und den Hasen aus dem mittleren und die Möhren, das Fenster und die Tür aus dem dünnen Sperrholz aussägen. Alles wie abgebildet anmalen und die Innenlinien ergänzen.

2 Jede Möhre erhält von vorne eine Bohrung, durch die etwas Bast gefädelt wird. Diesen mit Bindedraht umwickeln, den Draht verzwirbeln und die Drahtenden locken.

3 Dem Pilz von vorne das Pilzhut-Dach, das Fenster, die Tür und beide Grasbüschel aufkleben. Den Wichtel und den Pilz auf einer Standfläche fixieren, den Busch und den Hasen auf der anderen. Die Möhren lose auflegen.

Leuchte, liebe Laterne

→ für die dunkle Jahreszeit

MOTIVHÖHE
41 cm

MATERIAL
- Sperrholzrest, 6 mm stark
- Sperrholz, 1 cm stark, 45 cm x 40 cm
- Bastelfarbe in Antikblau, Karminrot, Weiß, Hautfarbe, Antikgrün und Schilf
- Krakelier-Lack
- Laterne, 6 cm x 11,5 cm x 6 cm
- Juteschnur in Natur, ø 6 mm, 20 cm lang
- einige Rindenteilchen
- evtl. 2 Senkkopf-Schrauben, ø 3,5 mm, 3 cm lang (zum Festschrauben)
- Bindedraht, ø 1,4 mm
- Bohrer, ø 3 mm (evtl. ø 2 mm und 4 mm zum Vorbohren)

VORLAGENBOGEN 1B

1 Den Troll, den Arm und die Standfläche aus dem dicken, die Haare zusätzlich aus dem dünnen Sperrholz aussägen.

2 Alle Teile antikblau grundieren, trocknen lassen, mit Krakelier-Lack bestreichen, nochmals trocknen lassen und dann wie abgebildet anmalen.

3 Der Troll bekommt seine Haare und den vorher mit dem Bohrloch versehenen Arm angeklebt. Dann den Troll auf der Standfläche fixieren. Er wird entweder aufgeklebt oder festgeschraubt (siehe S. 4).

4 Die Juteschnur als Schwanz ankleben und aus Bindedraht den Laternenstab formen. Dazu den Draht in der Mitte um ein Rundholz oder einen Bleistift biegen und beide gleich langen Enden miteinander verdrehen. Das Rundholz herausziehen und die Öse zum Einhängen der Laterne nutzen. Den gebogenen Draht fixieren.

Tipp: Die Laterne erhält man in Deko-Läden oder Möbelhäusern.

Hinweis: Lassen Sie das Teelicht nie unbeaufsichtigt brennen!

Kleine Zwergengirlande

→ erfordert etwas Geduld

MOTIVHÖHE
7,5 cm (Zwerg)

MATERIAL (für alle Zwerge)

- Sperrholz, 6 mm stark, 25 cm x 15 cm
- Bastelfarbe in Scharlachrot, Hautfarbe, Weiß, Schilf, Dunkelblau und Tannengrün
- Märchenwolle in Weiß
- Juteschnur in Grün, ø 3 mm, 60 cm lang

VORLAGENBOGEN 4B

1 Alle Zwerge und zusätzlich die Mützen aus dem Sperrholz aussägen und wie abgebildet anmalen. Alle Innenlinien ergänzen.

2 Die Mützen von vorne anbringen. Vorher allerdings etwas Märchenwolle von hinten an die Mützen kleben. Zum Schluss alle fünf Zwerge auf die Juteschnur kleben.

Tipp: Je nach Belieben können Sie natürlich auch eine längere oder kürzere Kette arbeiten – mit entsprechend mehr oder weniger Zwergen.

MOTIV-HÖHE
10 cm

MATERIAL
- Sperrholzrest, 6 mm stark
- Sperrholzrest, 1 cm stark
- Bastelfarbe in Scharlachrot, Weiß, Hautfarbe, Taubenblau, Antikblau, Dunkelblau, Schilf und Antikgrün
- 4 Holzräder, ø 3 cm, mit einer Bohrung mit ø 4 mm
- 2 Rundholzstücke, ø 4 mm, 2,8 cm lang
- Messingschelle, ø 9 mm
- geschlossene Ringschraube, 8 mm x 3 mm
- Paketschnur, ø 1,7 mm
- Bohrer, ø 4,5 mm und 2 mm (zum Vorbohren)

VORLAGENBOGEN 1A

Ich habe meinen Wagen voll geladen!

→ dekorativ auf dem Fensterbrett

1 Den Wichtel, den Wagen und die Standfläche aus dem dicken, den Arm, den Pilzhut und die Mütze aus dem dünnen Sperrholz aussägen.

2 Alles wie abgebildet anmalen, die Innenlinien ergänzen und die Bohrungen für die Rundholzstücke ausführen. Dabei die Löcher mit einem dünnen Bohrer vorbohren, dann erst den dicken Bohrer verwenden.

3 Dem Wichtel seine Mütze und den Arm aufkleben und ihn dann auf der Standfläche fixieren. Dem Pilz den Pilzhut aufkleben.

4 Die Rundholzstücke durch den Wagen stecken und die Räder daran befestigen. Dann die Ringschraube einschrauben, Paketschnur durch die Öse fädeln, eine kleine Schelle aufziehen und die Paketschnur hinter die Hand kleben.

Ein kleines Trollmädchen

→ hübsch auf dem Schreibtisch

MOTIVHÖHE
39,5 cm

MATERIAL
- Sperrholzrest, 6 mm stark
- Sperrholz, 1 cm stark, 42 cm x 45 cm
- Bastelfarbe in Schilf, Gelbocker, Hautfarbe, Karminrot, Weiß, Tannengrün und Zartrosa (Wangenfleck)
- Juteschnur in Grün, ø 3 mm, 48 cm lang
- Holzbottich, ø ca. 6 cm (unten), 12,5 cm hoch
- Reisig
- Islandmoos
- 2 Zapfen
- Baumpilz
- 2 Nägel, ø 1,2 mm, 2 cm lang
- evtl. 2 Senkkopf-Schrauben, ø 3,5 mm, 3 cm lang (zum Festschrauben)
- Bindedraht, ø 0,65 mm
- Bohrer, ø 1,5 mm und 6 mm (evtl. ø 2 mm und 4 mm zum Vorbohren)

VORLAGENBOGEN 2A

1 Das Mädchen, beide Arme und die Bodenfläche aus dem dicken, die Nase und zusätzlich die Haare aus dem dünnen Sperrholz aussägen.

2 Die kreisförmige Fläche aus der Standfläche aussägen. Dafür zuerst ein großes Loch (ø 6 mm) in die Fläche bohren, das Sägeblatt durchstecken und dann die Fläche aussägen.

3 Alles wie abgebildet anmalen und die Innenlinien ergänzen. Für die Nase und die Arme wird die Farbe (Karminrot) stark mit Wasser verdünnt.

4 Die Arme im Schulterbereich von vorne durchbohren. Die Haare und die Nase ankleben und beide Arme annageln. Dem Mädchen eine Schleife aus Juteschnur um die Haare binden und es auf der Bodenfläche fixieren. Es kann entweder aufgeklebt oder festgeschraubt (siehe S. 4) werden.

5 Etwas Reisig mit Bindedraht umwickeln, verzwirbeln und die Drahtenden locken. Das Reisigbündel auf der Bodenfläche fixieren. Einen Baumpilz, zwei kleine Zapfen und etwas Islandmoos mit der Heißklebepistole anbringen. Zum Schluss den Holzbottich in den ausgesägten Kreis stellen.

Tipp: Falls Sie kein Bottich finden, können Sie auch einen Tontopf oder Zinkeimer verwenden. Passen Sie in dem Fall das Loch in der Bodenplatte dem Durchmesser des verwendeten Gefäßes an.

Kommt, ihr Vöglein!

→ lässt Vogelherzen höher schlagen

MOTIVHÖHE
41 cm

MATERIAL
- Sperrholz, 6 mm stark, 18 cm x 20 cm
- Sperrholz, 1 cm stark, 45 cm x 60 cm
- Bastelfarbe in Dunkelblau, Taubenblau, Tannengrün, Weiß, Hautfarbe, Scharlachrot und Schilf
- Tontopfuntersetzer, ø 8 cm
- 2 Senkkopf-Schrauben, ø 3,5 mm, 3 cm lang (zum Festschrauben des Bauchladens) und evtl. 2 zusätzliche Senkkopf-Schrauben, ø 3,5 mm, 3 cm lang (zum Festschrauben)
- Bohrer, ø 1,5 mm, 2 mm, 4 mm und 6 mm
- Bindedraht, ø 0,65 mm

VORLAGENBOGEN 2B

1 Den Zwerg, die Bodenfläche, das Bauchteil und den Vogel aus dem dicken, die Nase und zusätzlich die Mütze aus dem dünnen Sperrholz aussägen.

2 Aus dem Bauchteil eine kreisförmige Fläche aussägen. Dazu mit dem dicken Bohrer (ø 6 mm) ein Loch in die Fläche bohren, das Sägeblatt durchstecken und dann die Kreisfläche aussägen.

3 Alle Teile wie abgebildet anmalen und die Innenlinien ergänzen. Die Mütze und die Nase aufkleben.

4 Das Bauchteil laut Vorlagenbogen anschrauben und den fertigen Zwerg auf der Bodenfläche fixieren. Er kann entweder aufgeklebt oder festgeschraubt (siehe S. 4) werden.

5 Der kleine Vogel erhält eine seitliche Bohrung. Etwas Bindedraht locken und in diese Bohrung stecken und zusätzlich fixieren. Dann den kleinen Vogel aufkleben und den Untersetzer in die ausgesägte Kreisfläche stellen.

Tipp: Auf den Untersetzer kann auch Naschzeug gelegt werden.

Zwei Freunde

→ einfach süß

MOTIVHÖHE
20 cm

MATERIAL
- Sperrholzrest, 6 mm stark
- Sperrholzrest, 8 mm stark
- Sperrholz, 1 cm stark, 22 cm x 32 cm
- Bastelfarbe in Scharlachrot, Weiß, Hautfarbe, Taubenblau, Antikgrün, Schilf, Olivgrün, Gelbocker und Schwarz
- Rohholzhalbkugel, ø 1,5 cm

VORLAGENBOGEN 1A

1 Den Zwerg samt Fuchs aus dem dicken, den Arm samt Ast, den Fuchsarm und den Schwanz aus dem mittleren und die Mütze aus dem dünnen Sperrholz aussägen.

2 Die Rohholzhalbkugel und alle Sperrholzteile wie abgebildet anmalen und die Innenlinien ergänzen.

3 Der Zwerg erhält von vorne die Mütze, die Nase und den Arm samt Ast angeklebt, der Fuchs den Arm und den Schwanz. Dabei darauf achten, dass der Arm samt Ast und der Schwanz senkrecht aufgeklebt werden. Die Auflagefläche sollte gerade sein.

Hallo!

→ **eine neue Art von Gartenzwerg**

1 Den Zwerg und seine Arme aus dem dicken und die Haare aus dem dünnen Sperrholz aussägen. Die Latte zuspitzen. Dafür 6 cm vom Lattenende entfernt die Latte auf beiden Seiten und zusätzlich unten die Mitte der Latte markieren. Die Seitenmarkierungen mit der Mittelmarkierung verbinden und die Latte entsprechend spitz zusägen. Alle Sperrholzteile und die zugespitzte Latte wie abgebildet bemalen. Die Innenlinien ergänzen.

2 Die Arme mit dem dünnen Bohrer vorbohren. In die Latte, ca. 48 cm von der Spitze entfernt, nebeneinander zwei Löcher mit ø 2 mm bohren.

3 Beide Arme annageln und die Haare aufkleben. Den mit dünnem Bindedraht verzierten Knopf aufkleben und den fertigen Zwerg auf der Latte fixieren. Dabei einen Abstand zwischen Füßen und Löchern lassen.

4 Durch die Löcher der Latte von hinten dicken Bindedraht stecken. Den Draht um den Eimer führen, vorne verzwirbeln und die Drahtenden locken.

Tipp: Den Eimer bepflanzen Sie am besten passend zur Jahreszeit.

MOTIVHÖHE
34 cm (Zwerg)

VORLAGENBOGEN 1B

MATERIAL

- Sperrholzrest, 6 mm stark
- Sperrholz, 1 cm stark, 40 cm x 25 cm
- Bastelfarbe in Scharlachrot, Weiß, Hautfarbe, Antikblau, Taubenblau, Antikgrün und Schilf
- Holzlatte, 4 cm breit, 1 cm hoch, 60 cm lang
- Zinkeimer, 9,5 cm hoch
- Knopf in Perlmutt, ø 2,3 cm
- 2 Nägel, ø 1,2 mm, 2 cm lang
- Bindedraht, ø 0,35 mm und 1,4 mm
- Bohrer, ø 1,5 mm und 2 mm

Ich hüte einen Schatz

→ schnell gemacht

MOTIVHÖHE
26 cm

MATERIAL

- Sperrholzrest, 4 mm stark
- Sperrholzrest, 6 mm stark
- Sperrholz, 1 cm stark, 35 cm x 32 cm
- Bastelfarbe in Mistel, Karminrot, Zartrosa (Wange), Weiß, Schilf und Hautfarbe
- Holzkästchen, 12 cm x 9,5 cm x 12 cm
- Juteschnur in Grün, ø 3 mm, 8 x 50 cm lang
- Bindedraht, ø 0,35 mm und 0,65 mm
- Bohrer, ø 1,5 mm

VORLAGEN-BOGEN 3A

1 Das Trollmädchen, die Arme und beide Füße aus dem dicken, die Nase aus dem mittleren und ein 11,5 cm x 5,5 cm großes Rechteck aus dem dünnen Sperrholz aussägen. Das Rechteck dient als Abstandshalter zwischen Troll und Kiste. Alle Sperrholzteile und die Holzkiste wie abgebildet anmalen und die Innenlinien ergänzen.

2 Für das Andrahten der Arme die Bohrungen von vorne ausführen. Dann jeweils ein U-förmig gebogenes Stück dicken Bindedraht von vorne durch die entsprechenden Löcher stecken, hinten verzwirbeln und die restlichen Drahtenden abkneifen.

3 Die Juteschnurstücke in der Mitte mit dünnem Bindedraht umwickeln, den Draht verzwirbeln und die Drahtenden abkneifen. Die Juteschnüre aufzwirbeln. Die Haare unten mit dünnem Bindedraht umwickeln und die Drahtenden abkneifen. Dann die Haarpracht mit der Heißklebepistole aufkleben.

4 Die Holzkiste mit dem Trollmädchen und den Füßen bekleben. Dabei das Abstandsteil zwischen Körper und Kiste nicht vergessen.

Ein kleines Wichtelpärchen

→ die gehören zusammen

MOTIVHÖHE
13 cm (ohne Mütze)

MATERIAL
(für beide Wichtel)

- Sperrholzrest, 1 cm stark
- Bastelfarbe in Hautfarbe, Scharlachrot, Weiß, Schilf, Taubenblau, Olivgrün und Dunkelblau
- 2 Holzräder, ø 5 cm, mit einer Bohrung mit ø 4 mm
- 2 Rundholzstücke, ø 4 mm, 5 cm lang
- Modellierfilz in Rot und Dunkelblau, jeweils ein gleichschenkliges Dreieck, Seitenlängen 12 cm x 12 cm x 10 cm
- 4 Margeriten, ø 2 cm
- Kokosfasern in Grün
- Bindedraht, ø 0,65 mm
- Bohrer, ø 1,5 mm und 4 mm

VORLAGENBOGEN 3A

1 Die Wichtel und die Arme aus dem Sperrholz aussägen. Die Sperrholzstücke und die Holzräder wie abgebildet anmalen und die Innenlinien ergänzen.

2 Die Arme und die Oberkörper von vorne mit dem dünnen Bohrer durchbohren. Für die Rundholzstücke die großen Bohrungen am unteren Kleidrand bzw. an der Hose vornehmen. Die Rundholzstücke in die Bohrungen der Holzräder stecken, fixieren und anmalen.

3 Die Köpfe mit Filzmützen schmücken. Dafür jeweils ein angefeuchtetes Stück Modellierfilz um den Kopf legen, nass in Form drücken und trocknen lassen. Wenn der Filz trocken ist, die Mütze auf den Kopf setzen und mit etwas Klebstoff fixieren.

4 Die fertigen Wichtel auf die Rundhölzer aufstecken und die Holzräder mit Kokosfasern und je zwei Margeriten schmücken.

Starke Zwerge

Beschreibung Seite 22

Starke Zwerge

→ **Blickfang fürs Kinderzimmer**

MOTIVHÖHE
24 cm

VORLAGENBOGEN 3 A

MATERIAL
- Sperrholzrest, 6 mm stark
- Sperrholz, 1 cm stark, 30 cm x 40 cm
- Bastelfarbe in Scharlachrot, Hautfarbe, Weiß, Tannengrün, Dunkelblau, Taubenblau, Pfirsich und Schilf
- 3 Holzkugeln, ø 1,5 cm, mit einer Bohrung mit ø 4 mm
- 3 Rundholzstücke, ø 4 mm, 4,5 cm lang
- evtl. Klebekissen
- Bindedraht, ø 0,65 mm
- Bohrer, ø 1,5 mm und 4 mm

1 Die Zwerge samt Grasfläche und die Arme aus dem dicken, die Blüten und zusätzlich beide Mützen aus dem dünnen Sperrholz aussägen.

2 Alle Sperrholzteile und die Holzkugeln wie abgebildet anmalen und die Innenlinien ergänzen. Die Bohrungen in den Händen von der Seite, die für die Rundholzstücke und in den Blüten von vorne ausführen.

3 Die Mützen aufkleben. Die Rundholzstücke in die entsprechenden Bohrungen stecken, fixieren und mit Dunkelblau anmalen. Die Holzkugeln auf die Rundholzstücke stecken und fixieren.

4 In die seitlichen Bohrungen der Hände die auf Bindedraht aufgefädelten Blüten stecken und fixieren. Zum Schluss beide Arme aufkleben.

Nicht vergessen

→ **nur drei Teile**

1 Den Troll aus dem dicken, den Arm und zusätzlich die Haare aus dem dünnen Sperrholz aussägen.

2 Alles wie abgebildet anmalen und die Innenlinien ergänzen. Die Bohrung ausführen und den Troll mit den Haaren, dem Arm und den Flicken bekleben.

3 Den Haftnotiz-Block mit Klebepads fixieren und den Bleistift mit Paketschnur anhängen.

Tipp: Am besten hängen Sie diesen süßen Troll mit Klebekissen auf.

MOTIV-HÖHE
33 cm

MATERIAL

- Sperrholzrest, 8 mm stark
- Sperrholz, 1 cm stark, 40 cm x 25 cm
- Bastelfarbe in Gelbocker, Hautfarbe, Scharlachrot, Weiß, Taubenblau und Antikblau
- Paketschnur, ø 2,5 mm, 60 cm lang
- Stoffrest, 3 cm x 3 cm und 2 cm x 3 cm
- Haftnotiz-Block, 5,1 cm x 3,8 cm
- Klebepads
- Bleistift
- Bohrer, ø 6 mm

VORLAGENBOGEN 2A

Hallo, meine Freunde

→ passt genau in eine Ecke

MOTIV-HÖHE
23,5 cm

MATERIAL
- Sperrholzrest, 6 mm stark
- Sperrholz, 1 cm stark, 30 cm x 35 cm
- Bastelfarbe in Scharlachrot, Weiß, Hautfarbe, Schilf, Olivgrün, Gelbocker, Antikblau und Taubenblau

VORLAGENBOGEN 3B

1 Den Zwerg und den Arm aus dem dicken, die Vögel, den Flügel und zusätzlich die Mütze aus dem dünnen Sperrholz aussägen. Alles wie abgebildet anmalen und die Innenlinien ergänzen.

2 Dem Zwerg die Mütze, den Arm und den aus zwei Teilen zusammengesetzten Vogel aufkleben.

3 Den fertigen Zwerg auf der Bodenplatte fixieren und diese mit einem weiteren Vogel schmücken.

Na, mein kleines Schnecklein

→ als Kinderzimmerschmuck geeignet

MOTIVHÖHE
14,5 cm

MATERIAL
- Sperrholzrest, 6 mm stark
- Sperrholz, 1 cm stark, 25 cm x 30 cm
- Bastelfarbe in Pfirsich, Taubenblau, Scharlachrot, Weiß, Gelbgrün, Dunkelblau und Schilf
- Märchenwolle in Weiß
- 5 Streublumen in Zartrosa
- etwas Reisig
- Stoffstreifen, 8 mm breit, 15 cm lang
- Stoffrest für das Stoffherz
- Knopf in Rot, ø 1,2 cm
- Bindedraht, ø 0,35 mm und 0,65 mm
- Bohrer, ø 1,5 mm

VORLAGENBOGEN 3B

1 Den Wichtel, die Schnecke und die Standfläche aus dem dicken, den Arm und die Mütze aus dem dünnen Sperrholz aussägen. Alles wie abgebildet anmalen, die Innenlinien ergänzen und die seitlichen Bohrungen für die Drahtfühler ausführen.

2 Etwas Märchenwolle von hinten an die Mütze kleben und diese dem Zwerg dann, zusammen mit dem Arm, von vorne aufkleben. Die aus dickem Draht gebogenen Fühler in den Löchern fixieren.

3 Das Schneckengehäuse mit einem Stoffherzen und einem mit dünnem Bindedraht verzierten Knopf schmücken. Dazu von hinten ein Stück dünnen Bindedraht durch die Löcher stecken, diesen vorne verzwirbeln und die Drahtenden locken. Zusätzlich erhält die Schnecke einen Schal.

4 Den Wichtel und die Schnecke auf der Standfläche fixieren. Das Reisig mit etwas dünnem Bindedraht umwickeln und die Drahtenden locken. Dann die Standfläche mit dem Reisigbündel und den Blumen schmücken.

Direkt aus dem Wald

→ liebt Nüsse oder Obst

MOTIVHÖHE
25 cm

MATERIAL

- Sperrholzrest, 6 mm stark
- Sperrholz, 1 cm stark, 50 cm x 40 cm
- Bastelfarbe in Gelbocker, Antikgrün, Zartrosa (Wange), Weiß (Wange), Karminrot, Schilf und Antikblau
- ovales Zinkgefäß, 18 cm x 12 cm
- Rinde
- Zapfen
- Juteschnur in Natur, ø 6 mm, 20 cm lang
- Bindedraht, ø 0,65 mm
- Bohrer, ø 1,5 mm und 6 mm

VORLAGENBOGEN 4A

1 Den Troll und den Arm samt Ast aus dem dicken, die Blätter und den Hut aus dem dünnen Sperrholz aussägen.

2 Aus der Standfläche eine ovale Fläche für das Zinkgefäß aussägen. Dazu ein Loch (ø 6 mm) in die ovale Fläche bohren, das Sägeblatt durchstecken und die Fläche aussägen. Alles wie abgebildet anmalen und die Innenlinien ergänzen. Die seitlichen Bohrungen im Hut und in den beiden kleinen Blättern vornehmen.

3 Den Hut und den Arm samt Ast aufkleben. Ein Stück Bindedraht in der Mitte knicken, die Drahtenden locken und an jedem Drahtende ein Blatt fixieren. Die Knickstelle in die Bohrung im Hut stecken und festkleben.

4 Den Troll auf der Bodenfläche fixieren und den Schwanz aus Juteschnur anbringen. Die Schwanzspitze etwas aufzwirbeln. Zum Schluss die Bodenfläche mit einem Zapfen und einem Stück Rinde schmücken und das Zinkgefäß in die ausgesägte ovale Fläche stellen.

Bitte nicht stören

→ herbstlicher Blickfang

MOTIVHÖHE
13 cm

MATERIAL
- Sperrholzrest, 6 mm stark
- Sperrholz, 1 cm stark, 22 cm x 32 cm
- Bastelfarbe in Scharlachrot, Pfirsich, Hautfarbe, Vanille, Olivgrün, Weiß und Gelbocker
- Messingschelle, ø 9 mm
- Bindedraht, ø 0,35 mm und 0,65 mm
- Bohrer, ø 1,5 mm

VORLAGEN-BOGEN 3B

1 Das Blatt, den Zwerg samt seinem Kastanienbettchen und den Arm aus dem dicken, die Sterne und die Mütze aus dem dünnen Sperrholz aussägen. Alles wie abgebildet anmalen und die Innenlinien ergänzen.

2 Dem Zwerg von vorne seine Mütze und den im Handbereich seitlich durchbohrten Arm aufkleben. Dann die Mützenspitze von vorne durchbohren.

3 Einen Stern mit einer seitlichen Bohrung versehen. In dieses Bohrloch dicken, gelockten Bindedraht stecken und fixieren. Das gerade Stück des Drahtes durch die seitliche Bohrung der Hand fädeln und das Drahtende ebenfalls locken.

4 Den schlafenden Zwerg auf dem Blatt fixieren und dieses mit zwei Sternchen verzieren. Dafür die Heißklebepistole benutzen.

Auf, auf zur Arbeit

→ ein fleißiger Zwerg in Aktion

MOTIVHÖHE
19,5 cm

MATERIAL
Sperrholzrest, 8 mm stark

Sperrholz, 1 cm stark, 22 cm x 32 cm

Bastelfarbe in Scharlachrot, Hautfarbe, Weiß, Gelbgrün, Dunkelblau, Olivgrün, Taubenblau und Silber

VORLAGENBOGEN 4A

1 Den Zwerg und die Standfläche aus dem dicken und den Arm samt Schaufel aus dem dünnen Sperrholz aussägen. Alles wie abgebildet anmalen und die Innenlinien ergänzen.

2 Der Zwerg erhält von vorne den Arm samt Schaufel aufgeklebt und wird danach auf der Standfläche fixiert.

MOTIVHÖH
40 cm

MATERIAL
- Sperrholz, 6 mm stark, 25 cm x 20 cm
- Sperrholz, 1 cm stark, 45 cm x 25 cm
- Bastelfarbe in Karminrot, We Hautfarbe, Ant blau, Schilf un Taubenblau
- Stoffrest, 4 cm x 7 cm
- Schelle, ø 1,5 c
- Islandmoos
- Nagel, ø 1,2 m 2 cm lang
- evtl. 2 Senkkop Schrauben, ø 3,5 mm, 3 cm lang (zum Fest schrauben)
- Bindedraht, ø 0,35 mm und 0,65 mm
- Bohrer, ø 1,5 m (evtl. ø 2 mm u 4 mm zum Vorbohren)

VORLAGEN BOGEN 4B

Ich habe Pilze gesammelt

→ kleiner Zwerg ganz groß

1 Den Zwerg, den Arm und die Standfläche aus dem dicken, den Pilz und die Mütze aus dem dünnen Sperrholz aussägen. Alles wie abgebildet anmalen und die Innenlinien ergänzen.

2 Der Arm und der Pilz bekommen eine Bohrung von vorne, die Hand eine seitliche. Die Mütze anbringen und dann die Mützenspitze von vorne durchbohren.

3 Den Arm annageln, jedoch nicht zu fest, damit er noch beweglich bleibt. Den Stoffflicken anbringen. Den Pilz auf dicken Bindedraht fädeln, diesen etwas verzwirbeln und das andere Drahtende durch die seitliche Bohrung der Hand führen. Die Drahtenden etwas locken. Die Schelle mit dünnem Bindedraht an die Mütze hängen.

4 Den kecken Zwerg auf der Bodenfläche fixieren. Er kann entweder aufgeklebt oder festgeschraubt (siehe S. 4) werden. Zum Schluss etwas Islandmoos aufkleben.

Hallo, hier bin ich!

→ einfach

MOTIVHÖHE
12 cm

MATERIAL
- Sperrholz, 1 cm stark, 22 cm x 32 cm
- Bastelfarbe in Karminrot, Zartrosa (Wangen), Hautfarbe und Weiß
- Bastelbast in Grün
- Bindedraht, ø 0,35 mm

VORLAGENBOGEN 4A

Abbildung auch Seite 1

1 Den Kopf und beide Hände aus dem Sperrholz aussägen und anmalen. Alle Innenlinien ergänzen und nach dem Trocknen die Nase und die Hände fixieren.

2 Ein paar Bastfasern mit Bindedraht umwickeln, diesen verzwirbeln und die Drahtenden locken. Mit der Heißklebepistole die Haarpracht ankleben.

Tipp: **Achten Sie darauf, dass die Hände und die Nase senkrecht aufgeklebt werden und dass die Auflagefläche gerade ist. Dazu die gerade Kante des Zuschnitts aus dem Baumarkt ausnutzen.**

Ich wohne im Wald

→ ein lustiger Troll

MOTIVHÖHE
24,5 cm

MATERIAL
- Sperrholzrest, 6 mm stark
- Sperrholz, 1 cm stark, 25 cm x 40 cm
- Bastelfarbe in Antikgrün, Schwarz, Antikblau, Karminrot, Hautfarbe, Taubenblau und Weiß
- Juteschnur in Grün, ø 3 mm, 28 cm lang
- Juteschnurfasern in Grün (selbst hergestellt)
- Jutestoffrest in Rot (Flicken), 1,8 cm x 2,2 cm
- Islandmoos
- Zweig
- Rinde

VORLAGENBOGEN 4B

1 Den Troll und die Standfläche aus dem dicken, die Nase und zusätzlich die Haarpracht aus dem dünnen Sperrholz aussägen. Alles wie abgebildet anmalen. Die Innenlinien ergänzen und dem Troll die Haarpracht und die Nase ankleben.

2 Das Haarteil mit Flüssigkleber einstreichen und mit ca. 1 cm langen Juteschnurfasern bekleben. Dazu die grüne Juteschnur in kleine, ca. 1 cm lange Stückchen schneiden und aufzwirbeln. Eine Schleife aus Juteschnur und ein Flicken aus Jutestoff zieren den kleinen Troll zusätzlich.

3 Den Troll auf der Standfläche fixieren. Mit der Heißklebepistole ein Stück Rinde, etwas Islandmoos und ein Zweiglein ankleben.

DIESES BUCH ENTHÄLT 4 VORLAGENBOGEN

IMPRESSUM

FOTOS: frechverlag GmbH, 70499 Stuttgart; Fotostudio Ullrich & Co., Renningen
DRUCK: frechdruck GmbH, 70499 Stuttgart

Materialangaben und Arbeitshinweise in diesem Buch wurden von der Autorin und den Mitarbeitern des Verlags sorgfältig geprüft. Eine Garantie wird jedoch nicht übernommen. Autorin und Verlag können für eventuell auftretende Fehler oder Schäden nicht haftbar gemacht werden. Das Werk und die darin gezeigten Modelle sind urheberrechtlich geschützt. Die Vervielfältigung und Verbreitung ist, außer für private, nicht kommerzielle Zwecke, untersagt und wird zivil- und strafrechtlich verfolgt. Dies gilt insbesondere für eine Verbreitung des Werkes durch Fotokopien, Film, Funk und Fernsehen, elektronische Medien und Internet sowie für eine gewerbliche Nutzung der gezeigten Modelle. Bei Verwendung im Unterricht und in Kursen ist auf dieses Buch hinzuweisen.

Auflage:	5.	4.	3.	2.	1.	
Jahr:	2008	2007	2006	2005	2004	[Letzte Zahlen maßgebend]

© 2004 frechverlag GmbH, 70499 Stuttgart

ISBN 3-7724-3270-0
Best.-Nr. 3270